받침
탐험대

김치 담그기

이다원 지음

재단법인 파라다이스 복지재단은 기업이윤의 사회 환원을 통해 더불어 살아가는 사회를 구현하고 미래를 창조하기 위해 1994년 설립되었습니다.

장애인을 비롯한 소외계층의 어려움을 함께 나누고 보다 풍요로운 미래를 디자인 하겠다는 한결같은 열정으로 교육, 치료, 문화, 예술 등 다양한 영역의 복지사업을 수행하고 있습니다.

www.isorimall.com

아이소리몰은 양질의 진단평가도구 및 교재교구 개발 및 보급하기 위해 파라다이스 복지재단의 수익사업으로 2002년 시작되었습니다.

아이소리몰의 판매 수익금은 특수교육, 장애인 인식개선사업, 현장지원사업 등 파라다이스 복지재단의 다양한 사회복지사업에 수익금 전액이 환원되어 장애인 복지증진에 재사용 되고 있습니다.

 https://pf.kakao.com/
_LnxIzK

 isorimall_official

 https://blog.naver.com/
paradisewelfare3296

받침 탐험대

우리는 자신에게 필요한 정보를 얻고 전달하기 위해 읽기 · 쓰기 능력을 사용합니다.

이러한 읽기 · 쓰기 능력은 교과목 학업성취에도 필수적입니다.

읽기 · 쓰기에 어려움을 보이는 아동은 전반적인 학업성취에 어려움을 겪습니다.

임상에서 읽기 · 쓰기 수업을 할 때 느낀 가장 큰 걸림돌은 아동의 좌절입니다.

읽거나 쓸 수 있는 받침은 한두 개뿐인데 책이나 학습자료에는 너무나도 많은 받침이 쏟아져 나옵니다.

아이들은 읽고 쓰는 것에 점점 흥미를 잃어버리는 모습을 보며 마음이 아팠습니다.

'받침 탐험대'시리즈는 받침을 처음 배우기 시작한 아이들도 동화책 한 권을 스스로 읽는 재미를

느끼게 하고 싶어서 개발하였습니다. 한 개의 받침만 알아도 이야기를 읽고 쓰며

자신만의 동화책을 만드는 경험을 할 수 있습니다.

'받침 탐험대'시리즈는 읽기 · 쓰기 발달과정을 고려하여 동화책과 워크북을 구성하였습니다.

아이들은 교재 속 음가 학습, 음소 인지, 음소 생략 · 첨가, 읽기 유창성, 덩이글 이해력 증진(짧은 독해),

따라 쓰기, 받아쓰기 활동을 통해 자기주도적인 읽기 · 쓰기를 경험할 수 있습니다.

스스로 무엇인가를 한다는 것은 아주 뜻깊은 일입니다. 아이가 스스로 세상에 내뱉은 첫 낱말,

스스로 내디딘 첫 걸음은 매우 뜻깊고 기쁜 순간입니다.

본 교재를 통해 아이들이 스스로 책을 읽고 쓰는 기쁨을 접하길 바랍니다.

저자_이다원
• 한림대학교 언어병리학 전공, 청각학 부전공
• 이화여자대학교 언어병리학 석사 / 1급 언어재활사
+
⊙ https://www.instagram.com/slp_dw/
blog https://blog.naver.com/slp_dw

2024. 04

이 다 원

구성 및 지도방법

1. 음운 인식

1-1) 음소인지

- 단어 속에서 받침을 인지하고 있는지 확인합니다.
- 인지에 어려움을 보이는 경우 받침 부분만 길게 소리 내어 들려줍니다.
- 소리로만 인지하는 것이 어렵다면, 목표 받침이 포함되는 음절을 찾아 표시하도록 지도합니다.

1-2) 음소첨가

- 목표 받침을 단어 속에서 첨가할 수 있는지 확인합니다.

1-3) 음소생략

- 목표 받침을 단어 속에서 생략할 수 있는지 확인합니다.

1-4) 복습하기

- 목표 받침을 단어 속에서 첨가 또는 생략할 수 있는지 확인합니다.

2. 읽기

2-1) 단어 고르기

- 동화 속 목표 받침이 포함된 단어와, 이상한 단어를 함께 읽도록 지도합니다.
- 이상한 단어(무의미 단어)를 정확하게 읽는지 확인합니다.
- 아동이 스스로 정확하게 적힌 낱말을 고를 수 있게 지도합니다.

2-2) 유창하게 읽기

- 반복적으로 읽으며 시간을 재도록 합니다.
- 단어 사이를 끊어 읽는 등의 오류를 보이면 빗금(/) 표시를 해주어 유창하게 읽도록 지도합니다.

2-3) 짧은 독해

- 덩이글 이해를 통해 단순히 소리 내어 읽는 것을 넘어 글의 의미를 이해하고 있는지 확인합니다.
- 문제에는 목표 받침 이외의 받침도 포함되어 있기 때문에, 지도하실 때 문제를 읽어주시면 좋습니다.

3. 쓰기

- 목표 글자를 반복적으로 쓰고 읽도록 지도합니다.
- 빈칸 채우기나 받아쓰기의 경우 지도자가 동화책을 읽어주고
  아이가 따라 쓰도록 합니다.

4. 쉬어가기

- 총 5개의 쉬어가기 페이지가 있습니다. 목표 받침을 심화 학습하거나,
  동화와 관련 있는 활동으로 구성되어 있습니다.
- 각각의 쉬어가기 페이지에서 얻은 단서로 '전설의 한글약'을 만드는
  재료를 얻을 수 있습니다.

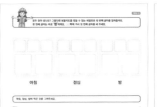  

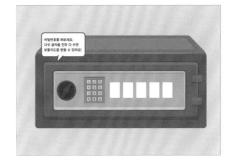

받침
탐험대

김치 담그기

안녕? 반가워!

받침탐험대에 온 것을 환영해!

보물 지도 속 재료를 모두 모으면

'전설의 한글 약'을 만들 수 있어.

'전설의 한글 약'을 먹으면 어떤 글자를 만나더라도

전부 읽고 쓸 수 있게 된대!

그럼 우리 함께 재료를 찾으러 떠나볼까?

워크북 속 쉬어가기 페이지를 완성한 뒤 103쪽에 있는 금고에 비밀번호를 쓰게 해주세요.
비밀번호가 완성되면 '김치 담그기' 동화책 61쪽에 있는 조각을 학생에게 제공해 주세요.

목차

받침 ㅁ

1 음운 인식

1-1 음소인지(1음절)

그림을 보고 단어를 소리 내서 말해본 뒤 받침[ㅁ]이 있으면 O표시, 없으면 X표시를 해보세요.

 TIPS!

1. 학생이 목표 단어와 다르게 말하는 경우 교정해주세요.(예. 셋 → 삼)

2. 목표 단어는 '김치 담그기' 동화책 10쪽을 참고하세요.

1-1 음소인지(1음절)

앞에서 찾은 받침[ㅁ]이 들어가는 단어를 써보세요.

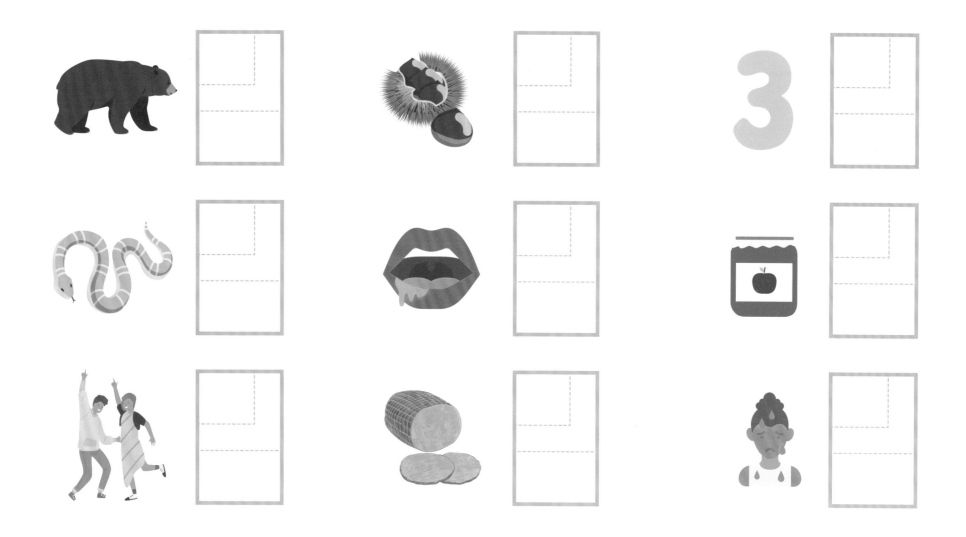

1-1 음소인지(2음절)

그림을 보고 단어를 소리 내서 말해본 뒤 받침[ㅁ]이 있으면 O표시, 없으면 X표시를 해보세요.

1-1 음소인지(2음절)

앞에서 찾은 받침[ㅁ]이 들어가는 단어를 써보세요.

TIPS! 음소 인지에 어려움을 보이는 학생의 경우 목표 단어를 말한 뒤 받침[ㅁ]이 있는 곳에 색연필로 색칠하게 해주세요.

1-2 음소첨가

그림을 보고 받침[ㅁ] 소리를 더하면 어떤 소리가 되는지 찾아보세요.

그림을 보고 받침[ㅁ] 소리를 빼면 어떤 소리가 되는지 찾아보세요.

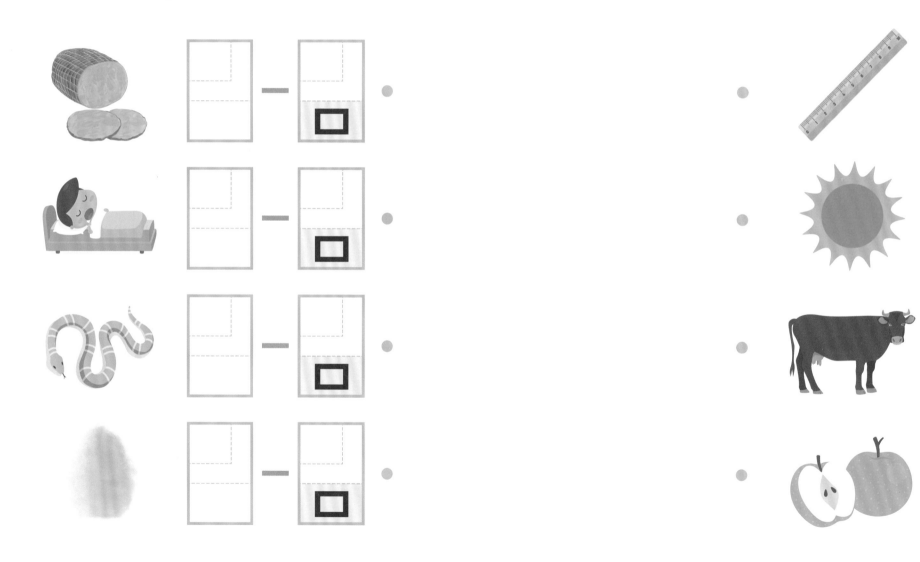

1-4 복습하기

낱말을 듣고 받침[ㅁ] 소리를 더하거나 빼면 어떤 소리가 되는지 말해보세요.

구분	들려주는 문항	정답	학생 반응
1	'따'에다가 /음/소리를 더하면?	땀	
2	'모'에다가 /음/소리를 더하면?	몸	
3	'사'에다가 /음/소리를 더하면?	삼	
4	'추'에다가 /음/소리를 더하면?	춤	
5	'히'에다가 /음/소리를 더하면?	힘	
6	'잼'에서 /음/소리를 빼면?	재	
7	'섬'에서 /음/소리를 빼면?	서	
8	'봄'에서 /음/소리를 빼면?	보	
9	'이름'에서 /음/소리를 빼면?	이르	
10	'감자'에서 /음/소리를 빼면?	가자	

💡 **TIPS!** 학생은 교재를 보지 않은 채 지도자가 문항을 읽어주세요. 학생이 답을 쓰는 경우, 문제를 다 푼 뒤 답을 직접 확인하게 해주세요.

쉬어가기 1

친구가 먹은 음식의 이름을 보기에서 찾아 써 보세요.

아침

점심

밤

모두 찾아 썼나요? 그렇다면 보물지도를 찾을 수 있는 비밀번호 첫 번째 글자를 알려줄게요.
첫 번째 글자는 바로 '햄'이에요. 103쪽에 가서 첫 번째 글자를 써 주세요.

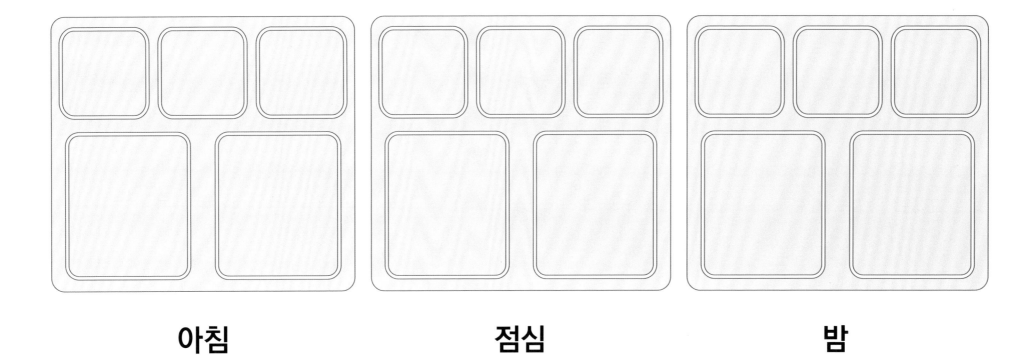

아침   **점심**   **밤**

아침, 점심, 밤에 먹은 것을 그려주세요.

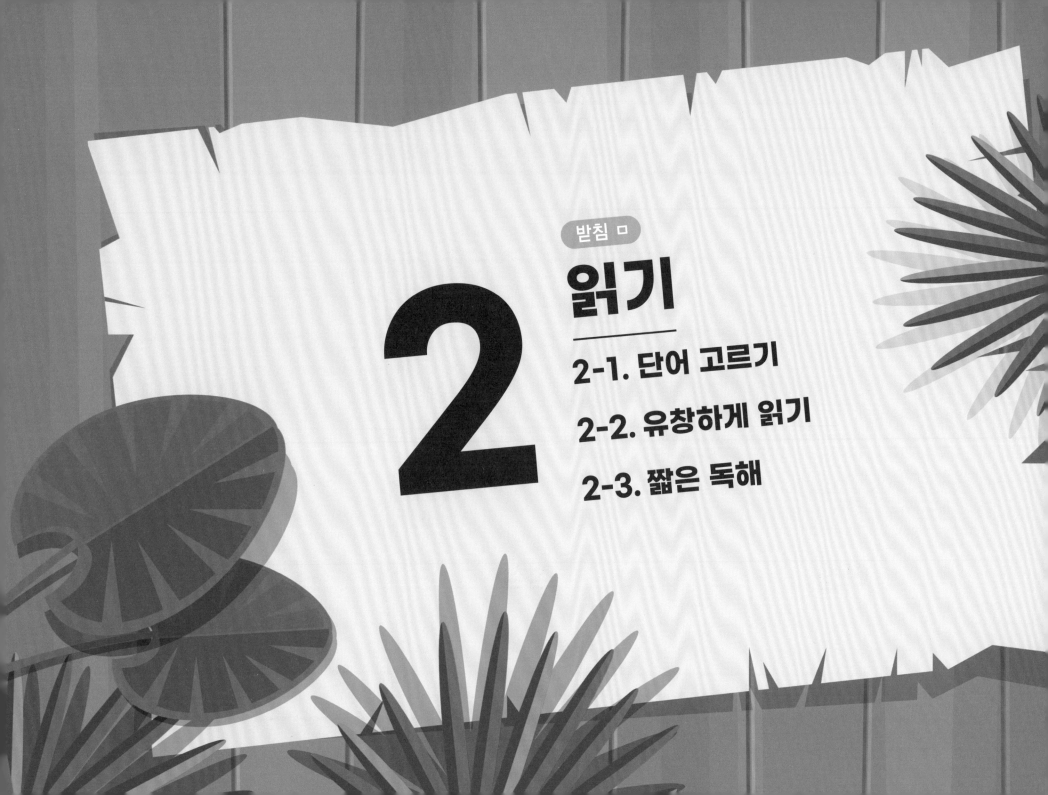

받침 ㅁ

2 읽기

2-1 단어 고르기

단어를 큰 소리로 읽은 뒤 알맞은 단어를 고르세요.

보
봄

염르
여름

김치
기침

따
땀

겜임
게임

햄버거
해범거

소금
솜금

거지
검지

감잠튀김
감자튀김

동화를 정확하고 빠르게 읽어 보세요.

"김다솜! 어서 침대에서 나와"

엄마가 아침 차리며 다솜이에게 이야기해요.

"김하음! 너도 게임 끄고 어서 와"

아빠가 엄마와 함께 아침 차리며 하음이에게 이야기해요.

"엄마 햄 줘요"

"햄 몸에 해로워"

"아이참~ 그럼 햄버거 주세요!"

"햄버거도 몸에 해로워."

"햄버거? 오예! 감자튀김도 주세요!"

"김하음! 너까지 떼쓰지 마!"

엄마가 하음이에게 엄하게 이야기해요.

"자자~ 싸우지 마시고, 점심에 다 함께 채소 심으러 떠나보자"

아빠와 엄마, 하음, 다솜 모두 다 함께 떠나요.

"배추도 심고, 파도 심자"

배추와 파까지 심다 보니 점점 땀이 흐르네요.

아빠, 엄마, 하음이가 잠시 감나무 아래에서 쉬어요.

다솜이가 힘이 넘쳐서 춤까지 춰요.

"자 이제 힘내서 고추도 심자."

"무도 심자."

엄마와 다솜이가 고추 심고, 아빠와 하음이가 무 심어요.

"채소야 조심조심 자라라!"

엄마와 하음이가 함께 기도해요.

봄이 지나고, 여름이 지나니 어느새 채소가 자라나요.

"이제 추워지니까 어서 채소 거두자"

"채소 가져가서 김치 담가야 해"

배추, 무, 고추, 파 거두어 가서 김치 담그기로 해요.

"이제 뭐부터 해야 해요?"

"배추에 소금부터 뿌려야지"

"어머! 소금이 모자라네! 하음아 소금 좀 가져오렴"

하음이가 심부름해요.

"엄마 소금 뿌리고 다음에 뭐 해요?"

"잠시 기다리다가 버무려야지"

엄마가 배추에 꼼꼼히 소금 뿌려줘요.

하음이도 엄지와 검지로 소금 쥐고 뿌려요.

"이제 다 함께 버무리자!"

대야에 배추, 무, 고추, 파 모두 담고 버무리니

금세 김치가 돼요.

"아~ 다솜아 김치 어때?"

"새콤해서 침 나와요"

엄마가 다솜이에게 김치 조금 줘요.

"자~ 하음이도 여기"

"힘이 나네!"

하음이가 김치 삼키자 힘이 나요.

배추김치도 냠냠, 무김치도 냠냠, 파김치도 냠냠!

	1차		2차		3차		4차		5차	
	월	일	월	일	월	일	월	일	월	일
(총 572음절)		초		초		초		초		초

💡 TIPS! 1. 유창하게 읽는것에 어려움을 보이는 학생에게는 끊어 읽을 수 있도록 빗금(/)표시를 해주세요.
2. 제공되는 녹음파일을 활용해보세요.

2-3 짧은 독해

동화의 일부분을 소리 내어 읽은 뒤 문제를 풀어 보세요. 문제를 다 풀면 비밀번호 중 하나를 알려줄게요.

"김다솜! 어서 침대에서 나와."

엄마가 아침 차리며 다솜이에게 이야기해요.

"김하음! 너도 게임 끄고 어서 와."

아빠가 엄마와 함께 아침 차리며 하음이에게 이야기해요.

1. 다솜이는 어디에 있나요?

① 학교　　　　　② 화장실　　　　　③ 침대　　　　　④ 거실

2. 누가 게임을 하고 있나요?

① 아빠　　　　　② 엄마　　　　　③ 다솜　　　　　④ 하음

"엄마 햄 줘요."

"햄 몸에 해로워."

"아이참~ 그럼 햄버거 주세요!"

"햄버거도 몸에 해로워."

3. 다솜이가 엄마에게 무엇을 달라고 했나요? (정답 2개)

① 김치찌개   ② 햄   ③ 햄스터   ④ 햄버거

4. 엄마는 다솜이에게 왜 햄을 주지 않았나요?

① 몸에 이로워서   ② 몸에 해로워서   ③ 햄이 비싸서   ④ 햄이 없어서

"햄버거? 오예! 감자튀김도 주세요!"

"김하음! 너까지 떼쓰지 마!"

엄마가 하음이에게 엄하게 이야기해요.

5. 하음이가 엄마에게 무엇을 달라고 했나요?

① 감자전 　　　② 새우튀김 　　　③ 햄 　　　④ 감자튀김

6. 엄마가 하음이에게 어떻게 말했나요?

① 상냥하게 　　　② 엄하게 　　　③ 다정하게 　　　④ 크게

"자자~ 싸우지 마시고, 점심에 다 함께 채소 심으러 떠나보자."

아빠와 엄마, 하음, 다솜 모두 다 함께 떠나요.

"배추도 심고, 파도 심자."

배추와 파까지 심다 보니 점점 땀이 흐르네요.

7. 언제 채소를 심으러 떠났나요?

① 아침 　　　　② 점심 　　　　③ 밤 　　　　④ 새벽

8. 어떤 채소를 심었나요? (정답 2개)

① 가지 　　　　② 배추 　　　　③ 오이 　　　　④ 파

아빠, 엄마, 하음이가 잠시 감나무 아래에서 쉬어요.

다솜이가 힘이 넘쳐서 춤까지 춰요.

"자 이제 힘내서 고추도 심자."

"무도 심자."

엄마와 다솜이가 고추 심고, 아빠와 하음이가 무 심어요.

9. 감나무 아래에서 쉬지 않은 사람은 누구인가요?

① 아빠　　　　　② 엄마　　　　　③ 다솜　　　　　④ 하음

10. 누가 고추를 심었나요? (정답 2개)

① 아빠　　　　　② 엄마　　　　　③ 다솜　　　　　④ 하음

"채소야 조심조심 자라라!"

엄마와 하음이가 함께 기도해요.

봄이 지나고, 여름이 지나니 어느새 채소가 자라나요.

11. 누가 기도했나요? (정답 2개)

① 아빠　　　　　② 엄마　　　　　③ 다솜　　　　　④ 하음

12. 채소가 다 자란 계절은 언제일까요?

① 봄　　　　　② 여름　　　　　③ 가을　　　　　④ 겨울

"이제 추워지니까 어서 채소 거두자."

"채소 가져가서 김치 담가야 해."

배추, 무, 고추, 파 거두어 가서 김치 담그기로 해요.

13. 어떤 채소들을 거두었나요? (정답 2개)

① 무   ② 배추   ③ 포도   ④ 오이

14. 채소 가져가서 무엇을 만들까요?

① 샐러드   ② 찌개   ③ 국   ④ 김치

"이제 뭐부터 해야 해요?"

"배추에 소금부터 뿌려야지."

"어머! 소금이 모자라네! 하음아 소금 좀 가져오렴."

하음이가 심부름해요.

15. 엄마가 배추에 무엇을 뿌려야 한다고 했나요?

① 후추   ② 고추   ③ 소금   ④ 설탕

16. 하음이가 무엇을 했나요?

① 게임   ② 노래   ③ 하품   ④ 심부름

"엄마 소금 뿌리고 다음에 뭐 해요?"

"잠시 기다리다가 버무려야지."

엄마가 배추에 꼼꼼히 소금 뿌려줘요.

하음이도 엄지와 검지로 소금 쥐고 뿌려요.

17. 엄마가 소금을 어떻게 뿌렸나요?

① 대충   ② 꼼꼼히   ③ 빨리   ④ 조심히

18. 하음이는 소금을 어떤 손가락으로 쥐었나요? (정답 2개)

① 엄지   ② 중지   ③ 검지   ④ 약지

"이제 다 함께 버무리자!"

대야에 배추, 무, 고추, 파 모두 담고 버무리니 금세 김치가 돼요.

"아~ 다솜아 김치 어때?"

"새콤해서 침 나와요."

엄마가 다솜이에게 김치 조금 줘요.

19. 대야에 넣지 않은 채소는 무엇인가요?

① 배추　　　　　　② 무　　　　　　③ 오이　　　　　　④ 고추

20. 다솜이는 김치 맛이 어떻다고 했나요?

① 달콤하다　　　　② 매콤하다　　　　③ 새콤하다　　　　④ 짜다

"자~ 하음이도 여기."

"힘이 나네!"

하음이가 김치 삼키자 힘이 나요.

배추김치도 냠냠, 무김치도 냠냠, 파김치도 냠냠!

21. 하음이가 김치를 먹고 뭐라고 말했나요?

① 침이 나오네   ② 힘이 나네   ③ 힘이 드네   ④ 힘이 빠지네

22. 만들지 않은 김치는 무엇인가요?

① 오이김치   ② 배추김치   ③ 무김치   ④ 파김치

쉬어가기 2

문제를 다 풀었나요? 대단해요! 약속대로 비밀번호 중 세 번째 글자를 알려줄게요.
세 번째 글자는 바로 '**터**'에요. 103쪽에 가서 세 번째 글자를 써 주세요.

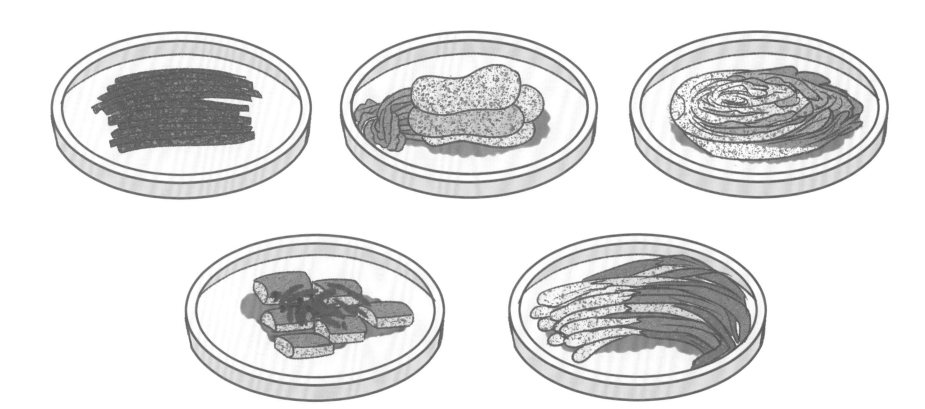

먹어 본 김치에 동그라미 해보세요.

메모

3-1 단어 쓰기

동화에 나온 단어를 써 보세요.

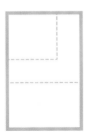

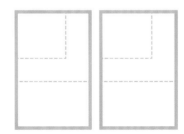

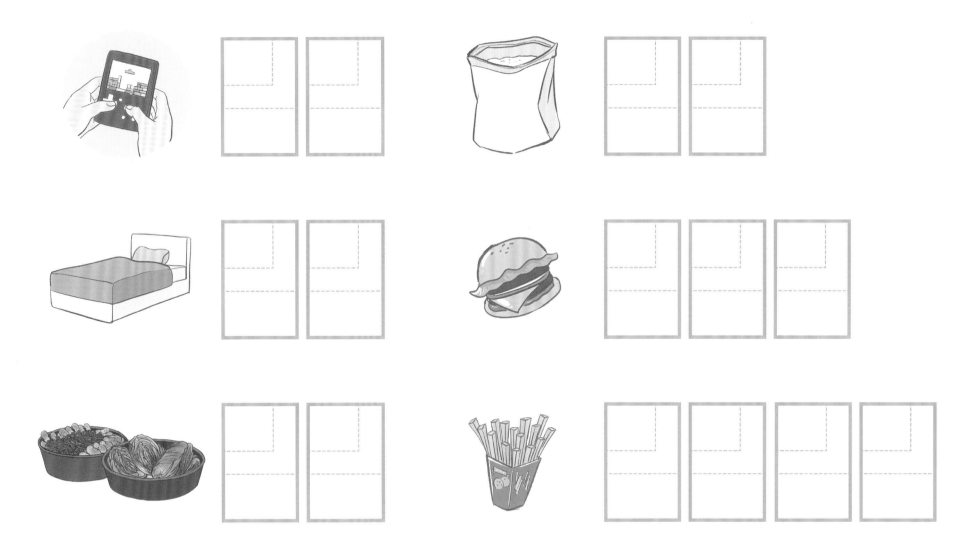

동화 내용을 따라 쓰고 읽어 보세요.

김치 담그기

김다솜! 어서 침대에서 나와

엄마가 아침 차리며 다솜이에게 이야기해요.

아빠가 엄마와 함께 아침 차리며 하음이에게 이야기해요.

엄마 햄 줘요

햄 몸에 해로워

아이참~ 그럼 햄버거 주세요!

햄버거도 몸에 해로워

햄버거? 오예! 감자튀김도 주세요!

김하음! 너까지 떼쓰지 마!

엄마가 하음이에게 엄하게 이야기해요.

자자~ 싸우지 마시고, 점심에 다 함께 채소 심으러 떠나보자

아빠와 엄마, 하음, 다솜 모두 다 함께 떠나요.

배추도 심고, 파도 심자

배추와 파까지 심다 보니 점점 땀이 흐르네요.

아빠, 엄마, 하음이가 잠시 감나무 아래에서 쉬어요.
다솜이가 힘이 넘쳐서 춤까지 춰요.

자 이제 힘내서 고추도 심자

무도 심자

엄마와 다솜이가 고추 심고, 아빠와 하음이가 무 심어요.

채소야 조심조심 자라라!

엄마와 하음이가 함께 기도해요.

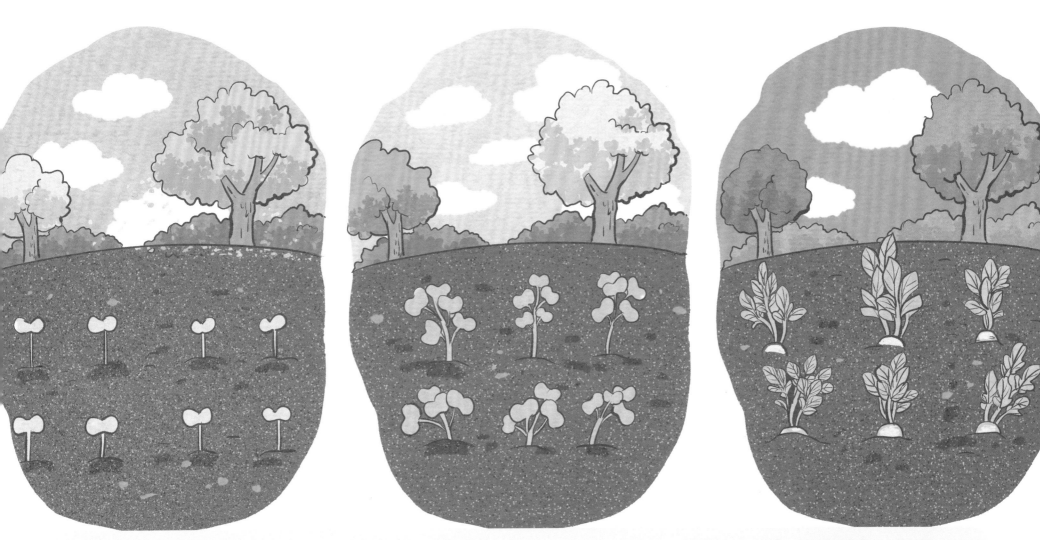

봄이 지나고, 여름이 지나니 어느새 채소가 자라나요.

이제 추워지니까 어서 채소 거두자

채소 가져가서 김치 담가야 해

배추, 무, 고추, 파 거두어 가서 김치 담그기로 해요.

이제 뭐부터 해야 해요?

배추에 소금부터 뿌려야지

어머! 소금이 모자라네! 하음아 소금 좀 가져오렴

하음이가 심부름해요.

엄마 소금 뿌리고 다음에 뭐 해요?

잠시 기다리다가 버무려야지

엄마가 배추에 꼼꼼히 소금 뿌려줘요.
하음이도 엄지와 검지로 소금 쥐고 뿌려요.

이제 다 함께 버무리자!

대야에 배추, 무, 고추, 파 모두 담고 버무리니 금세 김치가 돼요.

아~ 다솜아 김치 어때?

새콤해서 침 나와요

엄마가 다솜이에게 김치 조금 줘요.

자~ 하음이도 여기

힘이 나네!

하음이가 김치 삼키자 힘이 나요.

배추김치도 냠냠, 무김치도 냠냠, 파김치도 냠냠!

쉬어가기 3

봄과 관련된 것을 그려보세요.

여름과 관련된 것을 그려보세요.

그림에서 여름에 먹을 수 있는 음식을 찾으세요. 103쪽에 가서 네 번째 자리에 음식의 첫 글자를 써 주세요.

빈칸에 알맞은 단어를 쓰고 읽어보세요.

담그기

☐☐☐! 어서 ☐☐에서 나와

☐☐가 ☐☐ 차리며 ☐☐이에게 이야기 해요.

　　□□□！ 너도 □□ 끄고 어서와

아빠가 □□와 함께 □□ 차리며

□□이에게 이야기 해요.

쩌요

에 해로워

쓰기

63

아이참~ ☐☐ ☐☐☐ 주세요!

☐☐☐ 도 ☐ 에 해로워

□ □ □ ? 오예! □ □ □ □ 도 주세요!

□ □ □ ! 너까지 떼쓰지 마!

엄마가 □ □ 이에게 □ □ □ 이야기해요.

자자~ 싸우지 마시고, ☐☐ 에 다 함께

채소 ☐☐☐ 떠나보자

아빠와 ☐☐ , ☐☐ , ☐☐ 모두 다 함께 떠나요.

배추도 □□ , 파도 □□

배추와 파까지 □□ 보니 □□□ 이 흐르네요.

아빠, 엄마, 하음이가 　　　　나무 아래에서 쉬어요.

다솜이가 　이 넘쳐서 　까지 춰요.

자 이제 　　　 내서 고추도 　　　　　 무도 　　

엄마와 다솜이가 고추 　　　, 아빠와 하음이가 무

채소야 ☐☐☐☐ 자라라!

엄마와 하음이가 ☐☐ 기도해요.

　이 지나고, 　　이 지나니 어느새 채소가 자라나요.

이제 추워지니까 어서 채소 거두자

채소 가져가서 　　　　　 해

배추, 무, 고추, 파 거두어 가서 　　　　로 해요.

이제 뭐부터 해야 해요?

배추에 □□ 부터 뿌려야지

어머! ☐☐ 이 모자라네! 하음아 ☐☐☐ 가져오렴

하음이가 ☐☐☐ 해요.

엄마 소금 뿌리고 　 　 에 뭐 해요?

　 　 기다리다가 버무려야지

엄마가 배추에 　 　 　 소금 뿌려줘요.

하음이도 　 　 와 　 　 로 소금 쥐고 뿌려요.

이제 다  버무리자!

대야에 배추, 무, 고추, 파 모두

버무리니 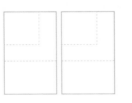 김치가 돼요.

아~ 다솜아 　□□　어때?

　□□ 해서 □ 나와요

엄마가 다솜이에게 □□□□ 줘요.

자~ ☐☐ 이도 여기 ☐이 나네!

하음이가 김치 ☐☐☐☐이 나요.

배추김치도 ☐☐, 무김치도 ☐☐, 파김치도 ☐☐!

쉬어가기 4

그림자를 보고 보기에서 이름을 찾아 써보세요.

보기 염소, 사슴, 도마뱀, 다람쥐, 고슴도치, 표범, 보아뱀, 고추잠자리

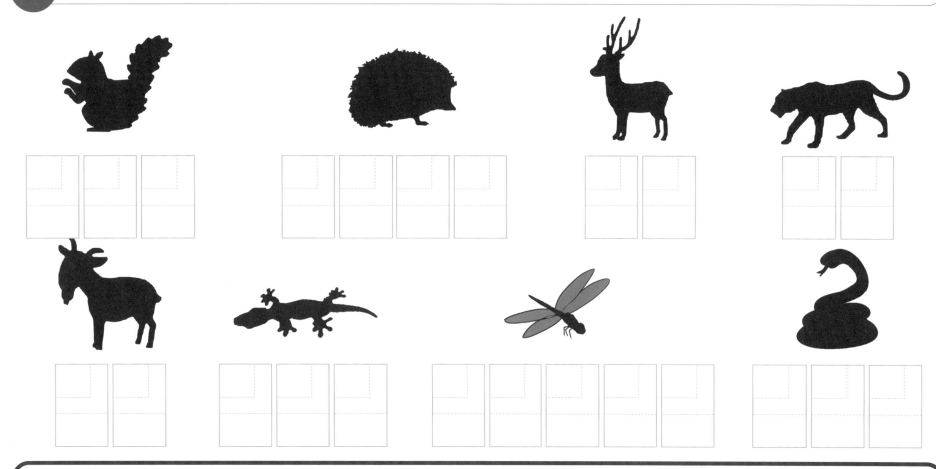

이름의 첫 글자에 받침[ㅁ]이 있는 동물을 찾으세요. 103쪽에 가서 다섯 번째 자리에 동물 이름의 첫 글자를 써 주세요.

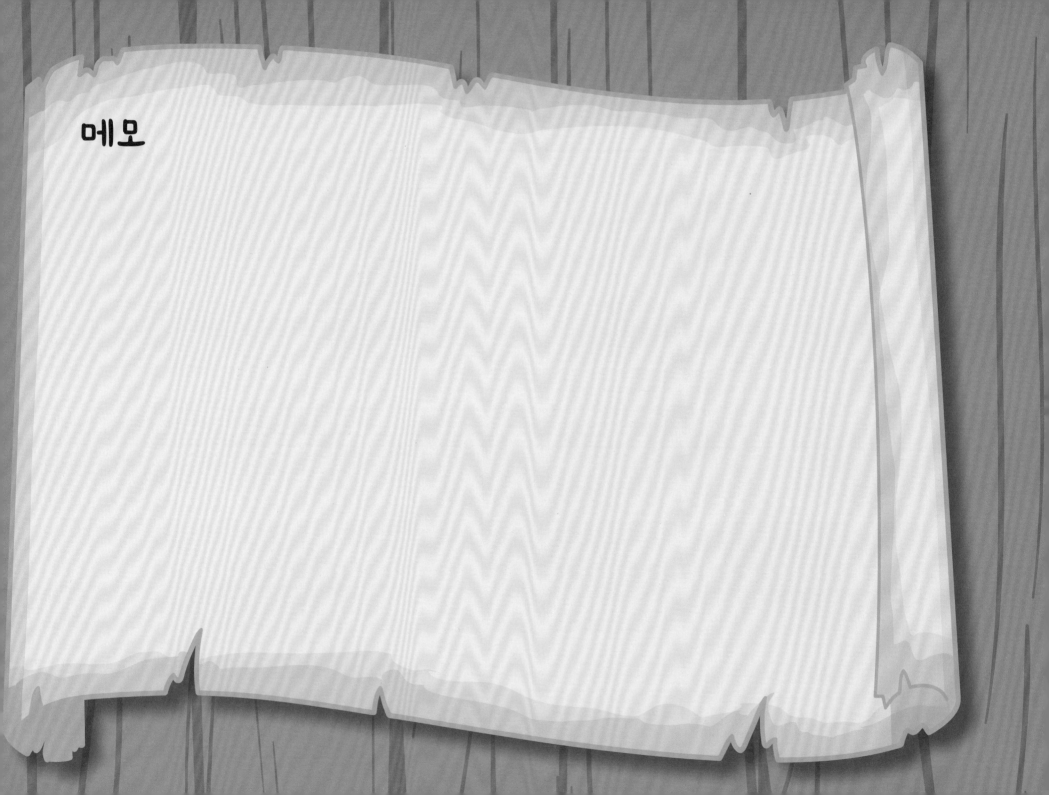

메모

3-4 받아쓰기

동화를 듣고 받아 쓴 뒤 소리 내어 읽어 보세요.

쉬어가기 5

동화를 다 썼나요? 멋져요! 이제 마지막 비밀번호를 알려줄게요.
두 번째 글자는 바로 **'스'**이에요. 103쪽에 가서 두 번째 글자를 써 주세요.

나만의 김치를 만들어보세요. 어떤 재료를 넣고 만들까요?
넣고 싶은 재료에 동그라미 치고 김치를 그려보세요.

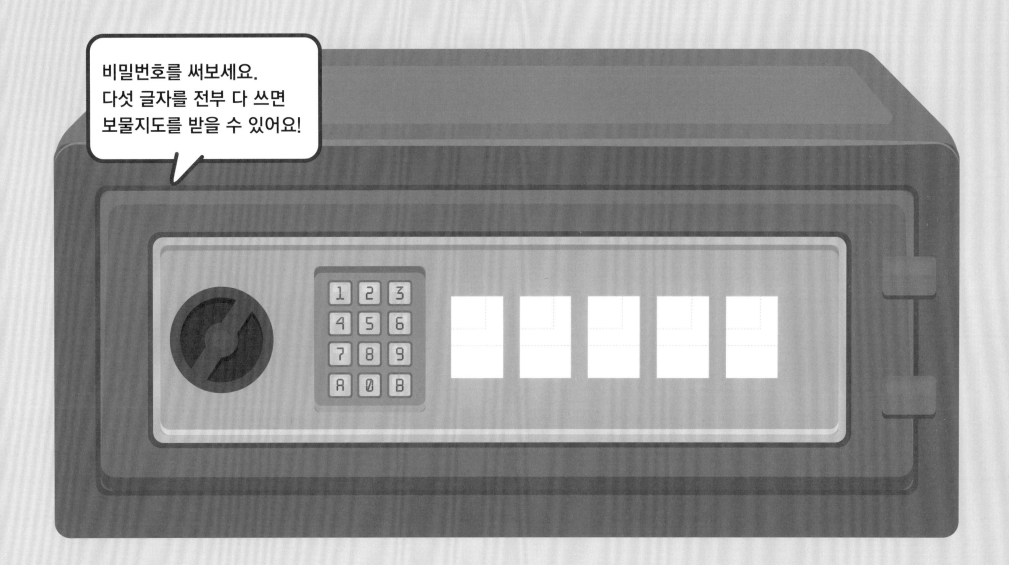

상 장

받침
탐험대
김치 담그기

이름: ☐☐☐

위 학생은 받침[ㅁ]이 들어가는
동화를 스스로 읽고 쓸 수 있기에
이 상장을 수여함.

20 년 월 일